Te 85
184

NOUVEAU SYSTÈME

DE

PROTHÈSE DENTAIRE.

Précis de l'art du Dentiste (*).

1 franc, chez l'auteur, G. BAILLY, dentiste,
4, rue du Faubourg-Poissonnière.

PARIS,

IMPRIMERIE D'ALPHONSE AUBRY ET Cie

Rue de l'Eglise-Vaugirard, 6.

1860

(*) Considérations générales pour servir d'enseignement aux pères
de famille et aux personnes atteintes d'affections dentaires

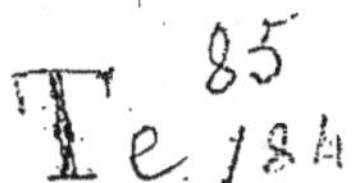

Te 85/184

BIBLIOGRAPHIE MÉDICALE.

Nouveau système de prothèse dentaire. — *Précis de l'art du dentiste* (1).

Dans l'espèce humaine, les dents constituent non-seulement le principe de l'ornementation de la bouche; mais, en dehors des avantages réguliers ou symétriques que procure, sous le rapport de la forme extérieure, l'aspect de belles dents bien rangées dans leurs gencives, les dents servent par-dessus tout à broyer les aliments nécessaires à l'entretien et à la réparation de la vie. A ce double point de vue, il est donc de la plus haute importance de toujours conserver l'appareil dentaire le plus complet possible, par tous les moyens que la science peut mettre à notre disposition, soit en prévenant, à l'aide des traitements efficaces ou d'opérations spéciales et bien ordonnées, la perte des dents que nous tenons de la nature, soit en substituant des pièces artificielles aux dents que la

(1) Considérations générales pour servir d'enseignement aux pères de famille et aux personnes atteintes d'affections dentaires. Chez l'auteur, rue du Faubourg-Poissonnière, 4.

maladie ou les accidents ont fait disparaître de la bouche.

Bien que les limites de ce simple spécimen m'empêchent d'aborder les régions supérieures de la science, je dirai, pour rester dans les termes que je me suis imposés, que pour ce qui regarde les fonctions pathologiques des dents ou leur état d'affection plus ou moins morbide, on doit placer en première ligne et comme principale cause, leur irrégularité naturelle et les anomalies que présentent les organes comme nombre, comme forme et comme disposition. Ces difformités, qui varient à l'infini, sont rarement pour les dents une cause de destruction complète; il est presque toujours possible de les prévenir ou d'y remédier en confiant, dès l'âge le plus tendre, le soin de surveiller la dentition à un homme habile et expérimenté, car c'est surtout à l'époque de la formation et de l'éruption des dents qu'il faut le plus observer, pour mieux les prévenir, les accidents de la dentition.

Cette partie purement médicale de la science du dentiste a été sérieusement étudiée par les hommes les plus éminents, appartenant aux sciences anthropologiques et naturelles, par Cuvier, Béchard, Burdach, etc.

Le plus fréquemment, ce ne sont ni les accidents ni la maladie qui sont cause de l'absence des dents chez l'individu. M. Oudet a remarqué que certains enfants, dans le sein de leurs mères, avaient les follicules dentaires détruites par une sorte de suppuration particulière. A côté de cette citation, on peut produire, il est vrai, des exemples fort rares d'enfants arrivant au monde avec des dents : Louis XIV présenta, dit-on, ce phénomène exceptionnel.

Dans certains pays, la carie des dents est endémique, comme dans la Hollande et la Frise ; elle l'est également en France, dans la vallée de l'Orge et dans la Beauce. Malgré une opinion très-populaire, je doute pour mon compte que cette endémie soit due à l'usage de certaines eaux calcaires répandues dans ces contrées. N'y a-t-il pas, d'ailleurs, des scrofuleux, des lymphatiques, des phthisiques et des chlorotiques, dont les dents sont parfaites et bien conservées, même dans un âge avancé ? Qu'en conclure ? C'est que, dans l'enfance, les dents n'ont pas été bien soignées et bien dirigées. Il en est des dents comme de tout autre organe : ce n'est pas parce qu'il est en apparence inerte qu'il faille le négliger ; car les dents , comme tout le reste du corps , ont aussi leur existence propre et caractéristique.

On objectera peut-être que les dents de certains paysans et des nègres sont blanches et bien conformées. Mais les individus de ces deux catégories ne se nourrissent pas comme les gens des villes : ils ne sont soumis ni aux mêmes privations ni aux mêmes excès. Il faut dire encore que la plupart des opiats sont délétères , et qu'à force de soins empiriques , on finit par produire un effet plutôt nuisible que salutaire, par déchausser les dents et corroder les gencives.

Outre les cas de fracture intra ou extra-alvéolaires est une cause particulière non encore bien connue, et que M. Oudet assimile à une sorte d'alopécie, c'est-à-dire chute des cheveux, les dents sont encore sujettes à beaucoup de maladies et d'accidents exceptionnels , que j'ai reconnus et examinés avec le plus grand soin ; et d'accord avec les sommités de la science, je soutiens que le secours d'un dentiste sérieux peut presque toujours, en temps opportun, prévenir ou guérir les différentes affections morbides que je viens de signaler.

Quant à la prothèse dentaire proprement dite, c'est-à-dire la partie mécanique de l'art du dentiste, elle s'est un peu améliorée dans ces derniers temps, en dépit des charlatans et de certains vendeurs de pratiques secrètes qui, depuis quelques années, ont fait irruption en France. Néanmoins, cette branche essentiellement pratique laissait beaucoup à désirer, et j'ai essayé pour mon compte, de résoudre un des points les plus importants et des plus difficiles que comporte ce problème. Je veux parler de l'application d'une substance spécifique toute distincte, que je désigne sous le nom particulier de *Palmitoïde*.

La Palmitoïde.

Quand un art, après maintes phases d'améliorations successives arrive à l'apogée du progrès, les systèmes se forment; les plus heureux perfectionnements sont dénaturés, méconnus, transformés; des mains inhabiles contrefont grossièrement les œuvres sérieuses ; des inventions bizarres que le silence devait protéger, s'annoncent audacieusement, et un nouveau chaos est le résultat de ces tentatives de l'ignorance, du charlatanisme.

L'homme expert, devant qui la vérité ne peut se voiler, regarde avec pitié ces nains dont les efforts pour atteindre les hauteurs et la perfection, sont infailliblement suivis d'une chute accablante, ridicule, mais qu'il est facile, certains subterfuges aidant, de présenter au public comme l'effet de la réaction du triomphe, comme la suite des coups dirigés par une cabale envieuse, comme un effet des tentatives désespérées de la routine. Que sais-je encore ? Les mots, les idées, les sophismes, les paradoxes, ne manquent pas pour défigurer la vérité.

Au milieu des contradictions, de l'erreur, des cris de l'impuissance, des opinions faussées, des préjugés invétérés, où le public trouvera-t-il la perfection dans l'art ? Qui lui donnera le fil pour sortir du labyrinthe compliqué à travers lequel il lui est presque impossible de découvrir la voie où il ne coure aucun risque de s'égarer ?

Dans l'art dentaire auquel je borne ici mon examen, comment choisir entre les dents à succion, les dents minérales, les osanores, les dents à crochets, les dents à pivot, les dents montées sur platine, les dents en émail, en gutta-percha, en caoutchouc, etc., etc.

Ce serait un curieux tableau à faire que celui des inconvénients, pour ne pas dire des dangers de ces différents genres, également présentés comme incomparables pour la beauté, la solidité, le naturel, la commodité.

Les propagateurs de ces différentes espèces de dents annoncent un bon marché prodigieux en même temps qu'ils affectent un luxe de millionnaire; ce bon marché n'est qu'un leurre au moyen duquel se peut largement solder le luxe.

En Chine, les médecins payés, tant que le client se porte bien, cessent de l'être dès qu'il devient malade. L'intérêt du médecin est donc de conserver soigneusement la santé qui s'est confiée à lui. Cette coutume d'un pays que nous nous plaisons à regarder comme barbare, ferait honneur à notre civilisation, et la santé publique ga-

gnerait certainement à la voir s'établir chez nous.
En revanche, quel coup pour les charlatans !

Si ces dentistes dont nous parlons, praticiens
qui sont le déshonneur de leur art, se voyaient
contraints à ne recevoir la rémunération de leur
travail que quand il serait établi que leurs dents
artificielles, sans présenter tous les avantages an-
noncés, garantis, peuvent au moins fonctionner
sans danger et sans incommodité, que d'intri-
gants arrivés à la réputation par d'impudents men-
songes, tomberaient honteusement du piédestal que
leur habileté leur a dressé !

Lorsqu'un art se recommande par la simplicité
de son mécanisme, c'est, prétend-on, le rehausser
que de ne le laisser apercevoir qu'à travers l'obscurité
de théories subtiles, de complications arides, de dif-
ficultés sans nombre. C'est ainsi que les prêtres des
faux dieux jugeaient nécessaire de s'entourer du
mystère pour frapper l'esprit et l'imagination de
leurs dupes; pour moi qui ne veux dresser d'autel à
aucune idole, ni imposer de culte extravagant, je
ne vois aucune nécessité d'envelopper d'ombre ma
pensée, et je vais parler de la *Palmiloïde*, la plus

importante découverte du siècle que l'art dentaire ait réalisée , sans emploi de termes scientifiques , de métier ou de détails anatomiques que les initiés seuls peuvent comprendre, j'espère pouvoir me faire entendre de l'homme le moins expert.

La *Palmitoïde* s'obtient au moyen de l'huile ou résine qu'on recueille du palmier. Cette résine, durcie à l'action du feu, mélangée de sels métalliques, au moyen d'une combinaison chimique, n'est arrivée, sous le nom de *Palmitoïde*, à l'état de perfection où nous la voyons aujourd'hui, qu'après des essais longtemps infructueux, des efforts souvent renouvelés , une opiniâtreté indomptable dans le travail, une persévérance à toute épreuve. Penché sur son fourneau, comme l'alchimiste attendant avec anxiété la transmutation des métaux, l'inventeur, plein de confiance dans sa tentative, la vit maintes fois échouer avant d'arriver à un résultat satisfaisant; enfin l'heure du triomphe sonna et l'art du dentiste s'enrichit d'une importante amélioration.

La *Palmitoïde* doit désormais remplacer, dans la confection des pièces ou dentiers artificiels, les crochets et ces plaques métalliques d'un usage si difficile, si incommode, en même temps que les plaques d'hipopotame (1) si nuisibles, si dangereuses et malsaines par la mauvaise odeur qu'elles communiquent à la bouche, mauvaise odeur qui, en influant sur les digestions, finit par altérer sensiblement la santé.

Pénétré de ces principes, et il y a de cela quelques années à peine, un docteur en médecine, dentiste des hôpitaux de Paris, avait eu l'idée de remplacer les pièces métalliques par une résine particulière; mais cette résine était par sa nature trop inerte et trop dépourvue de souplesse intime, et malgré les avantages bien supérieurs qu'offrait son emploi, l'habile praticien fut, au moins momentanément, contraint de suspendre le cours de ses applications dans le champ de la pratique.

Entre les anciens systèmes de plaques et la découverte qui nous occupe, la comparaison ne peut se soutenir un seul instant. La *Palmiloïde* est un bienfait pour la bouche, cet organe précieux qui devient, d'après les soins qu'on lui donne, ou un objet d'admiration ou un objet de dégoût.

On a essayé de soutenir, on a prétendu que la gutta-percha pouvait lutter avec la *Palmiloïde*. On a

(1) Dites osanores.

tenté d'en faire usage ; mais les inconvénients sont venus en foule démontrer l'absurdité de cette opinion.

Ainsi, la gutta-percha était condamnée à cause même des propriétés qui la faisaient distinguer. A l'action de l'eau bouillante, elle devient molle.

Le dentier en gutta-percha devenant malléable à l'eau bouillante, sera promptement ramolli par l'action d'une grande chaleur ; incontestablement la forme s'altérera, et il ne lui sera pas toujours facile de se maintenir avec assez de précision pour être conservé dans la bouche.

Rien n'est plus triste assurément que d'être obligé de recourir à des dents artificielles ; mais c'est aggraver ce que cette nécessité a de pénible que de tromper le crédule client de façon à le mettre parfois dans une position ridicule. C'est, au contraire, une consolation d'avoir la certitude que la nature a été merveilleusement imitée dans son œuvre, et que d'habiles praticiens sont arrivés à perfectionner les dentiers artificiels, de façon à remplacer les dents naturelles sans aucun inconvénient pour la mastication et la prononciation.

La *Palmitoïde*, sous ce rapport, et l'expérience me donne chaque jour raison, réunit toutes les garanties.

La *Palmitoïde* est cinq fois moins pesante que l'eau sous le même volume, et jouit de la propriété merveilleuse d'être inattaquable par les acides les plus concentrés et les plus corrosifs ; elle est d'une imperméabilité absolue, douce, transparente, élastique, inaltérable, complétement inodore, et jouit de toutes les propriétés désirables des bases des dentiers ou des fausses gencives ; elle se moule sur les dents avec une précision inconnue jusqu'à ce jour, et se colore à volonté selon toutes les nuances des gencives, quels que soient la finesse et le velouté de ton de ces dernières, au point que c'est à s'y méprendre. On fixe à ces bases en palmitoïde des dents, soit minérales, soit naturelles, et elles y adhèrent avec une solidité indestructible.

Dans l'état actuel des connaissances sur la prothèse dentaire, quelque bien préparée que soit une pièce, il reste toujours des interstices que le praticien le plus exercé ne peut pénétrer ni remplir avec un corps dur comme un métal ou de l'hippopotame, — tandis que la *Palmitoïde* non-seulement bouche, mais surprend toutes ces cavités, les pénètre avec une exactitude parfaite par son moëlleux et la souplesse de ses principes.

Avec cette substance on n'a pas à craindre ces terribles maladies de bouche, ces inflammations des gencives qu'occasionne le frottage de cés dentiers métalliques dont nous avons sommairement fait connaître les inconvénients, qu'on devrait à tout jamais abandonner et qui sont déjà exclus des cabinets de plusieurs dentistes.

« La bouche est un écrin dont les perles n'ont pas de prix, » a dit un philosophe persan. Cet écrin, pour être conservé, demande à être soigné, entretenu comme tout autre organe de l'économie animale.

La bouche mal entretenue frappe d'une vieillesse prématurée, inspire un dégoût invincible qui justifie cette rigidité de certains pays, de l'Espagne, par exemple, où la séparation de corps est autorisée par négligence de la bouche.

La santé peut être comparée à une composition musicale dont l'harmonie doit être parfaite dans toutes ses parties. Les organes dentaires négligés détruisent l'effet de cette harmonie. On ne saurait trop répéter que de la bouche proviennent un grand nombre de perturbations des organes du corps humain, et qu'une bouche fraîche est un gage de santé.

Je soumets un échantillon des pièces que je fabrique et tout en essayant de mériter le suffrage et la confiance des personnes auxquelles je puis être utile, j'ai la conviction profonde que ma découverte doit jeter un jour tout nouveau sur une des branches les plus indispensables au bien-être physique et matériel de l'humanité.

Georges BAILLY,

4, faubourg Poissonnière, près le boulevard.

Paris-Vaugirard, impr. AUBRY.

www.ingramcontent.com/pod-product-compliance
Lightning Source LLC
LaVergne TN
LVHW010136060726
842524LV00005B/1959